Îmi iubesc mama
I LOVE MY MOM

Shelley Admont
Ilustrații de Sonal Goyal și Sumit Sakhuja

www.sachildrensbooks.com
Copyright©2015 by S. A. Publishing ©2017 by KidKiddos Books Ltd.
innans@gmail.com

All rights reserved. No part of this book may be reproduced in any form or by any electronic or mechanical means, including information storage and retrieval systems, without written permission from the publisher or author, except in the case of a reviewer, who may quote brief passages embodied in critical articles or in a review.
Toate drepturile rezervate.
Second edition, 2017
Translated from English by Ana-Maria Micu
Tradus din limba englez de Ana-Maria Micu

Library and Archives Canada Cataloguing in Publication
I Love My Mom (Romanian English Bilingual Edition)/ Shelley Admont
ISBN: 978-1-5259-0156-0 paperback
ISBN: 978-1-5259-0157-7 hardcover
ISBN: 978-1-5259-0155-3 eBook

Please note that the Romanian and English versions of the story have been written to be as close as possible. However, in some cases they differ in order to accommodate nuances and fluidity of each language.
Although the author and the publisher have made every effort to ensure the accuracy and completeness of information contained in this book, we assume no responsibility for errors, inaccuracies, omission, inconsistency, or consequences from such information

Pentru cei pe care îi iubesc cel mai mult -S.A.
For those I love the most-S. A.

Mâine este ziua mamei. Iepurașul Jimmy și cu cei doi frați mai mari vorbesc în șoaptă în camera lor.

Tomorrow was Mom's birthday. The little bunny Jimmy and his two older brothers were whispering in their room.

„Să ne gândim bine", spuse fratele cel mai mare. „Cadoul pentru mama trebuie să fie ceva special."

"Let's think," said the oldest brother. "The present for Mom should be very special."

„Jimmy, tu mereu ai idei bune", a adăugat fratele mijlociu. „La ce te-ai gândit?"

"Jimmy, you always have good ideas," added the middle brother. "What do you think?"

,,Păi..." Jimmy a început să se gândească profund. Dintr-o dată, el a exclamat, ,,Pot să-i dau mamei jucăria mea preferată: trenulețul meu!" El a scos trenulețul din cutia cu jucării și l-a arătat fraților lui.

"Ahm..." Jimmy started thinking hard. Suddenly he exclaimed, "I can give her my favorite toy — my train!" He took the train out of the toy box and showed it to his brothers.

,,Nu cred că mama vrea trenulețul tău", a zis fratele cel mai mare. ,,Avem nevoie de o altă idee. Ceva ce îi va plăcea cu adevărat."

"I don't think Mom wants your train," said the oldest brother. "We need another idea. Something that she will really like."

„Putem să-i dăm o carte", a exclamat bucuros fratele mijlociu.

"We can give her a book," screamed the middle brother happily.

„O carte? Este cadoul perfect pentru mama", a răspuns fratele cel mai mare.

"A book? It's a perfect gift for Mom," replied the oldest brother.

„Da, putem să-i dăm cartea mea preferată", a spus fratele mijlociu în timp ce se apropia de raftul cu cărți.

"Yes, we can give her my favorite book," said the middle brother as he approached the bookshelf.

„Dar mamei îi plac cărțile cu mistere", zise Jimmy cu tristețe, „iar această carte este pentru copii."

"But Mom likes mystery books," said Jimmy sadly, "and this book is for kids."

,,Cred că ai dreptate", a fost de acord fratele mijlociu. ,,Atunci, ce ne facem?"

"I guess you're right," agreed his middle brother. "What should we do?"

Cei trei frați iepurași au stat și s-au gândit în liniște, până ce fratele cel mai mare a spus în cele din urmă,

The three bunny brothers were sitting and thinking quietly, until the oldest brother finally said,

,,Îmi vine în minte un singur lucru. Ceva ce putem face chiar noi: o felicitare."

"There is only one thing that I can think of. Something that we can do by ourselves, like a card."

,,Putem să desenăm milioane și milioane de inimioare", a zis fratele mijlociu.

"We can draw millions of millions of hearts," said the middle brother.

,,Și să-i spunem mamei cât de mult o iubim", a adăugat fratele cel mai mare.

"And tell Mom how much we love her," added the oldest brother.

Entuziasmați, ei s-au apucat de treabă.

They all became very excited and started to work.

Cei trei iepurași au muncit din greu. Au tăiat și au lipit, au împăturit și au colorat.

Three bunnies worked very hard. They cut and glued, folded and painted.

Jimmy și fratele lui mijlociu au desenat inimioare și pupici. Când au terminat, au adăugat și mai multe inimioare și chiar și mai mulți pupici.

Jimmy and his middle brother drew hearts and kisses. When they finished, they added more hearts and even more kisses.

Apoi, fratele cel mai mare a scris cu litere de-o șchioapă:

Then the oldest brother wrote in large letters:

,,La mulți ani, mami! Te iubim foooooooooarte mult. Copiii tăi."

"Happy birthday, Mommy! We love you soooooooo much. Your kids."

În sfârșit, felicitarea era gata. Jimmy a zâmbit bucuros.

Finally, the card was ready. Jimmy smiled.

,,Sunt sigur că mamei o să-i placă", a zis el, ștergându-și mâinile murdare pe pantaloni.

"I'm sure Mom will like it," he said, wiping his dirty hands on his pants.

,,Jimmy, ce faci?" a țipat fratele cel mai mare. ,,Nu vezi că ai mâinile pline de vopsea și lipici?"

"Jimmy, what are you doing?" screamed the oldest brother. "Don't you see your hands are covered in paint and glue?"

,,Aoleu..." a spus Jimmy. ,,Nu-mi-am dat seama. Scuze!"

"Oh, oh..." said Jimmy. "I didn't notice. Sorry!"

„Acum mama trebuie să spele rufe chiar de ziua ei", a adăugat fratele cel mai mare, uitându-se cu severitate la Jimmy.

"Now Mom has to do laundry on her own birthday," added the oldest brother, looking at Jimmy strictly.

„În nici un caz! Nu voi lăsa să se întâmple așa ceva!" a exclamat Jimmy. „Îmi voi spăla singur pantalonii."

"No way! I won't let this happen!" exclaimed Jimmy. "I'll wash my pants myself."

Împreună, ei au spălat toată vopseaua și tot lipiciul de pe pantalonii lui Jimmy și i-au întins la uscat.

Together they washed all the paint and glue from Jimmy's pants and hung them to dry.

În timp ce se întorceau în camera lor, Jimmy și-a aruncat privirea în sufragerie și a văzut-o pe mama lor acolo.

On the way back to their room, Jimmy gave a quick glance into living room and saw their Mom there.

,,Uite, mama doarme pe canapea", a șoptit Jimmy fraților săi.

"Look, Mom is sleeping on the couch," whispered Jimmy to his brothers.

,,Îi voi aduce pătura mea", a spus fratele cel mai mare, grăbindu-se spre camera lor.

"I'll bring my blanket," said the older brother who ran back to their room.

Jimmy stătea și își privea mama în timp ce aceasta dormea. În acel moment, el și-a dat seama care este cadoul perfect pentru mama lor. Așa că a zâmbit bucuros.

Jimmy was standing and looking at his Mom sleeping. In that moment he realized what the perfect gift for their Mom should be. He smiled.

,,Am o idee!" a spus Jimmy când fratele cel mai mare s-a întors cu pătura.

"I have an idea!" said Jimmy when the oldest brother came back with the blanket.

El le-a șoptit ceva fraților lui și toți trei iepurașii au început să dea din cap, aprobându-l și zâmbind larg.

He whispered something to his brothers and all three bunnies nodded their heads, smiling widely.

Încetișor, ei s-au apropiat de canapea și au acoperit-o pe mama cu pătura.

Quietly they approached the couch and covered their Mom with the blanket.

Fiecare dintre ei a pupat-o ușor și i-a șoptit, ,,Te iubim, mami."

Each of them kissed her gently and whispered, "We love you, Mommy."

Mama a deschis ochii. ,,O, și eu vă iubesc", a zis ea, zâmbind și îmbrățișându-și fiii.

Mom opened her eyes. "Oh, I love you too," she said, smiling and hugging her sons.

În dimineața următoare, cei trei frați iepurași s-au trezit de dimineață pentru a pregăti cadoul surpriză pentru mama.

The next morning, the three bunny brothers woke up very early to prepare their surprise present for Mom.

Ei s-au spălat pe dinți, și-au făcut perfect paturile și au verificat ca toate jucăriile să fie la locul lor.

They brushed their teeth, made their beds perfectly and checked that all the toys were in place.

După aceea, ei s-au îndreptat spre sufragerie ca să șteargă praful și să spele pe jos.

After that, they headed to the living room to clean the dust and wash the floor.

Apoi, ei au intrat în bucătărie.
Next, they came into the kitchen.

„Voi pregăti pâine prăjită cu gem de căpșuni, mâncarea preferată a mamei", a spus fratele cel mai mare, „iar tu, Jimmy, poți să-i faci suc proaspăt de portocale."
"I'll prepare Mom's favorite toasts with strawberry jam," said the oldest brother, "and you, Jimmy, can make her fresh orange juice."

„Eu voi aduce niște flori din grădină", a spus fratele mijlociu în timp ce ieșea pe ușă.
"I'll bring some flowers from the garden," said the middle brother who went out the door.

Când micul-dejun a fost gata, iepurașii au spălat toate vasele și au decorat bucătăria cu flori și baloane.

When breakfast was ready, the bunnies washed all the dishes and decorated the kitchen with flowers and balloons.

Veselii frați iepurași au intrat în camera mamei și a tatălui lor, ținând în mâini felicitarea, florile și micul-dejun proaspăt pregătit.

The happy bunny brothers entered Mom and Dad's room holding the birthday card, the flowers and the fresh breakfast.

Mama stătea în pat. Ea a început să zâmbească atunci când și-a auzit fiii cântând „La mulți ani" în timp ce aceștia intrau în cameră.

Mom was sitting on the bed. She smiled as she heard her sons singing "Happy Birthday," while they entered the room.

„Te iubim, mami", au strigat împreună.

"We love you, Mom," they screamed all together.

„Și eu vă iubesc", a spus mama, sărutându-și toți fiii. „Este cea mai frumoasă zi de naștere de până acum!"

"I love you all too," said Mom, kissing all her sons. "It's my best birthday ever!"

,,Și încă nu ai văzut totul", a zis Jimmy făcându-le cu ochiul fraților lui. ,,Ar trebui să vezi bucătăria și sufrageria!"

"You haven't seen everything yet," said Jimmy with a wink to his brothers. "You should check the kitchen and the living room!"

www.ingramcontent.com/pod-product-compliance
Lightning Source LLC
Chambersburg PA
CBHW061142070526
44584CB00033B/4399